AF314613

DESSINS ET TABLEAUX

ANCIENS ET MODERNES

PROVENANT EN PARTIE DE LA COLLECTION

DE M. H. D...

ANCIEN ARCHITECTE DU GOUVERNEMENT

JUIN 1901

LA VENTE AURA LIEU

Les Vendredi 7 et Samedi 8 Juin 1901

A DEUX HEURES PRÉCISES

HOTEL DES COMMISSAIRES-PRISEURS, rue Drouot, n° 9

SALLE N° 7, AU PREMIER

Par le ministère de M° MAURICE DELESTRE, commissaire-priseur

5, rue Saint-Georges

Assisté de M. Ed. RAHIR, libraire

55, passage des Panoramas

EXPOSITION PUBLIQUE

Le Jeudi 6 Juin 1901, de deux heures à cinq heures

CONDITIONS DE LA VENTE

Elle sera faite au comptant.

Les acquéreurs paieront *dix pour cent* en sus des enchères, applicables aux frais.

ORDRE DES VACATIONS

Le Vendredi 7 Juin 1901

Dessins de différents genres. . . . .   8 à 117

Le Samedi 8 Juin 1901

Dessins d'architecture et de décoration. . . .   118 à 203
Tableaux . . . .   1 à 7

(L'ordre numérique ne sera pas suivi.)

Paris. — Imp. de l'Art, E. MOREAU ET Cᵉ, 41, rue de la Victoire.

CATALOGUE

DE

DESSINS ET TABLEAUX

ANCIENS ET MODERNES

Provenant en partie de la Collection de M. H. D...

Ancien Architecte du Gouvernement

DESSINS DE DIFFÉRENTS GENRES
TABLEAUX — VUES DE PARIS
DESSINS D'ARCHITECTURE ET DE DÉCORATION

PARIS

LIBRAIRIE DAMASCÈNE MORGAND

ÉDOUARD RAHIR ET Cie, SUCCESSEURS

Libraires de la Société des Bibliophiles françois

55, PASSAGE DES PANORAMAS, 55

1901

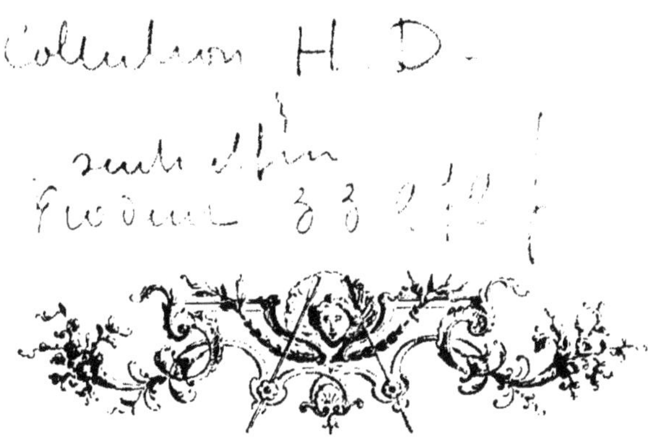

DÉSIGNATION

TABLEAUX

ÉCOLE FRANÇAISE
(XVIIe siècle)

1. Vue du Pont-Neuf, du Louvre et des quais. Dans la perspective, le pont Rouge encore construit en bois. Devant la statue de Henri IV, des bateleurs et marchands ambulants. Peinture sur toile. Encadrée.

   H. 0.28. L. 0.41.

ÉCOLE FRANÇAISE
(XIXe siècle)

2. Prise de l'Hôtel de Ville, le 28 juillet 1830. Peinture sur toile. Encadrée.

   H. 0.42. L. 0.62.

GOYA (Fr.)

3. Portrait de l'artiste peint par lui-même. La tête découverte, tournée légèrement à gauche, et le haut du corps sont seuls visibles. Peinture sur bois. Encadrée.

Précieuse peinture donnant le portrait de l'artiste à l'âge de cinquante ans environ.

H. 0.16. L. 0.12.

PILLEMENT (Jean)

4. La rentrée du troupeau. — Un naufrage dans les rochers. Deux peintures sur bois, signées des initiales. Encadrées.

H. 0.12. L. 0.17.

PILLEMENT

5. Troupeau surpris par l'orage. — Pêcheurs dans les rochers. Deux peintures sur bois, signées des initiales. Encadrées.

H. 0.12. L. 0.17.

SAINT-AUBIN (Gabriel de)

6. Portrait de l'artiste par lui-même. Il est représenté assis, la tête vue de face, et est occupé à feuilleter un carton d'estampes. Peinture sur bois. Dans un cadre ancien.

« Enfin, M. Destailleur a acquis tout dernièrement une peinture
« qui par sa provenance, la note qui est au dos du cadre, a tous
« les caractères d'une peinture originale de Gabriel, et cette
« peinture, c'est son portrait, et un portrait qui a les dimensions
« du portrait exposé au Colisée par l'auteur, en 1776.

« Gabriel de Saint-Aubin s'est représenté en robe de chambre
« rougeâtre, vu de dos, les cheveux dénoués et sans poudre, la

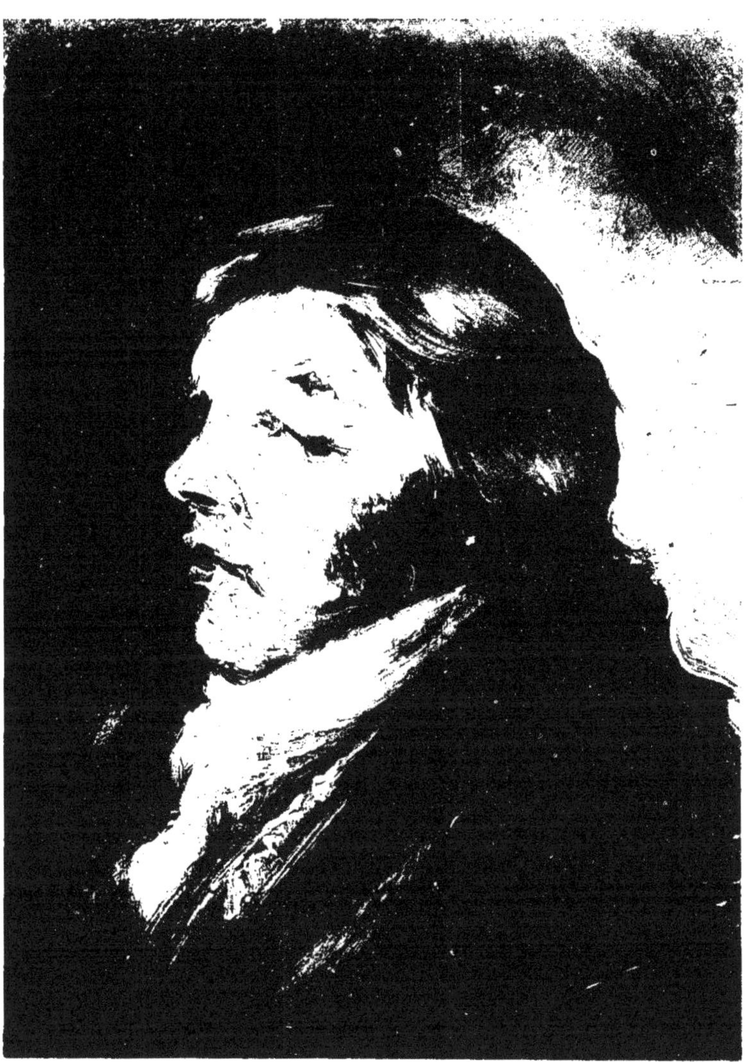

N° 6

« tête retournée vers le spectateur, les mains occupées devant
« lui à feuilleter un carton de gravures.
    « Le type est singulier ; c'est une figure longue, longue et im-
« berbe, qui a quelque chose d'un visage ecclésiastique, d'un
« long séminariste.
    « La peinture est un peu lisse, un peu plate, un peu froide-
« ment bleuâtre, elle n'a aucun des pétillements et des accen-
« tuations spirituelles de ses aquarelles gouachées, mais la robe
« de chambre et le dos de la chaise sont peints de la manière
« grasse et beurrée d'un Chardin.
    « Au dos du cadre est écrit, d'une écriture du temps : *Gabriel*
« *de Saint-Aubin, peint par lui-même en 1750.* Ce serait un por-
« trait de jeunesse, un portrait que l'auteur aurait fait de lui-
« même à vingt-six ans. Goncourt. *L'Art au dix-huitième siècle.*»
H. 0.29. L. 0.21.

VIEN J.-M.

7. Inauguration de la statue de Louis XV, par le
duc de Chevreuse et le corps de ville de Paris en
1763. Peinture sur toile. Encadrée.
    Gravée par *Née* pour le *Voyage en France* de M. de La Borde.
    H. 0.28. L. 0.19.

DESSINS ~~DE DIFFÉRENTS GENRES~~

ALDEGRAVER (H.)

8. Supplice d'une martyre chrétienne. ~~au moyen d'un instrument ayant la forme d'une guillotine. A la plume et à la sépia. Encadré.~~

~~H. 0.21. L. 0.16.~~

BÉRAIN

9. Costumes de ballets d'opéra. ~~Neuf figures de femmes, portant de riches costumes. Neuf beaux dessins à l'encre de Chine, les uns rehaussés d'aquarelle.~~

~~H. 0.42. L. 0.36.~~

~~(Ce numéro pourra être divisé).~~

BÉRICOURT

10. Saltimbanques. — Bal de barrière. Deux ~~dessins~~ d'aquarelle.

~~H. 0.26. L. 0.42.~~

BONNINGTON ~~(Robert)~~

11. Paysages, marines, sculpture. ~~Neuf croquis à la plume et au crayon noir.~~

CALLOT (J.)

12. Vue du Pont-Neuf et de la Tour de Nesle. A la
plume. Cadre ancien en bois sculpté.
   A été gravé.
   H. 0.26. L. 0.54.

13. Femme debout, vue de dos. Elle porte un pa-
nier au bras gauche. A la plume. Encadré.
   H. 0.19. L. 0.10.

CHARLET (N. T.)

14. Napoléon Ier, à cheval. Lisant une lettre qui
vient de lui être remise par un officier. A la sépia. Encadré.
   H. 0.44. L. 0.30.

CHOFFARD (P. P.)

15. Encadrement pour un brevet militaire. Dans le
haut, les armes de la ville de Berne soutenues
par deux femmes personnifiant, l'une Minerve,
l'autre l'Abondance. Dans le bas, faisceau de
drapeaux et de sabres. A la plume et à l'encre
de Chine. Signé et daté 1795. Encadré.
   H. 0.46. L. 0.54.

16. Carte d'invitation pour un bal. Une draperie
portée par deux consoles surmontées de deux
torchères, dont les plis retombent sur les attributs de la musique et de la danse. A la plume et
à la sépia. Signé. Cadre orné.
   H. 0.09. L. 0.06.

COCHIN (Ch.-Nic.)

17. Le Bon Vieillard couronné par Cérès. Projet de médaille allégorique. A la sanguine. Encadré.

Diamètre : 0.12.

COYPEL (Ch.-Ant.)

18. Entrée triomphale de Sancho Pança dans l'île de Barataria. Aux crayons de couleur. Signé. Encadré.

A été gravé et exécuté en tapisserie.
H. 0.40. L. 0.47.

DECAMPS (A.-G.)

19. Un Moulin à vent, à l'entrée d'un village. Au fusain et au crayon noir. Encadré.

H. 0.20. L. 0.27.

20. Laitière. — Paysage au bord d'une rivière. Deux dessins à la sépia et au crayon noir.

DELACROIX (Eugène)

21. Cavalier arabe. Aquarelle signée. Encadrée.

H. 0.12. L. 0.15.

DESRAIS (Cl.-L.)

22. Les filles du monde sont rasées et envoyées à l'hôpital par ordonnance du lieutenant de police. Plume et sépia. Encadré.

Très spirituel dessin. A été gravé.
H. 0.25. L. 0.38.

DEVERIA

23. Portraits de personnages anciens et modernes. ~~Douze dessins à la sépia.~~

> Homère, Rabelais, Bossuet, Sterne, Mme Geoffrin, Mme Du Deffand, etc.

DIVERS

24. Portraits de personnages du XVIe siècle. ~~Vingt portraits à la plume et au crayon.~~

> Maurice Scève, dessin sur vélin ; Ant. Du Pois, Erasme, Beringhier, etc.

25. Portraits de personnages français du XVIIe siècle. ~~Quatre dessins au crayon, à la sanguine et à l'encre de Chine.~~

> Scaramouche, Turenne, le Docteur Fagon, Ravaillac.

26. Portraits de ~~divers~~ personnages français et étrangers du XVIIe siècle. ~~Onze dessins.~~

> Le Comte de Toulouse, le Duc du Maine, Jacques II, Villeroy, Léopold Ier, etc.

27. Portraits de personnages célèbres de la Révolution. ~~Sept portraits au crayon et à la plume.~~

> Portraits de Mirabeau, Marat, Saint-Just, Robespierre, Mlle de Sombreuil.

28. Portraits de personnages français du XIXe siècle. ~~Douze dessins à l'aquarelle, à la plume, au crayon,~~ par Garbet, R. de Beauvoir, duchesse de Noailles, Desperet.

> Duc de La Rochefoucauld, Casimir-Perier, Duc d'Orléans, etc.

29. Scènes de la Restauration et de la Révolution de 1830. ~~Six dessins au crayon noir et à l'aquarelle, par Maurisson, Chabrillat et V. Adam.~~

30. Scènes de la Commune et ruines de Paris après le siège et la Commune. ~~Neuf dessins à la sépia et au crayon noir, par Varin, Yon et Chauvet.~~

31. Batailles. — Scènes militaires. ~~Seize dessins au crayon noir, à la sépia et à l'aquarelle, par Aubry, Gobaut, Girardet, Jacob.~~

32. Costumes d'hommes et de femmes. ~~Vingt dessins au crayon noir, à la plume et à l'aquarelle, par B. Picart, Vernet, Lanté, etc.~~

33. Scènes de mœurs. — Types de la rue. — Caricatures, etc. ~~Trente-cinq dessins au crayon noir, à la plume, à la sépia et à l'aquarelle, par Lazerges, Renou, Vernet, Charlet, Chabrillat, etc.~~

34. Vignettes pour Almanachs et Calendriers. ~~Trente-six dessins à la plume, à la sépia et au crayon noir. —~~

Ont été gravés et publiés dans des almanachs publiés par *Janet et Marcilly* vers 1830. Une des séries est copiée sur les *Inconvénients du voyage en diligence*, de Leprince.

35. Paysages, monuments, vues de villes. ~~Dix dessins à la plume, à la sépia et au crayon, par Waterloo, Nicolle, J. Vernet, etc.~~

36. Paysages. ~~Vingt dessins par Ciceri, Calame, Lescot, Le Vasseur, Ouvrié, Thomas, etc.~~

37. Paysages. — Monuments antiques, etc. ~~Quinze~~ dessins ~~à la sépia et à l'aquarelle, par Granet, le prince de Joinville, Ciceri.~~

38. Vues de villes et de monuments. ~~Quatorze~~ dessins ~~à l'aquarelle, par Alt, Andorff, Ciceri, Fontenay, Soules, Mansson, etc.~~

39. Paysages d'Algérie et ~~d'~~autres ~~pays. Vingt~~ dessins ~~à l'aquarelle et au crayon.~~

40. Animaux divers : ~~chevaux, chiens, oiseaux, etc.~~ ~~Douze~~ dessins ~~à l'aquarelle, à la sanguine et à la sépia.~~

DUPLESSIS ~~(Jos.).~~

41. Un Choc de cavalerie. ~~À la plume et à la sépia. Encadré.~~

DUPLESSIS-BERTAUX

42. Napoléon, debout sur un tertre, ~~assistant à un combat. Il tient un gant dans ses mains croisées. Au crayon noir rehaussé. Encadré.~~
A été gravé.
H. 0.15. L. 0.10.

ÉCOLE FRANÇAISE
(XVIe siècle)

43. Vertumne et Pomone. L~~a scène se passe dans~~ un superbe jardin avec berceaux, fontaine, monuments. Plusieurs nymphes entourent Pomone

étendue sur des coussins. A la plume, avec
rehauts de blanc sur papier teinté. Encadré.

Probablement exécuté pour modèle de tapisserie.

H. 0,26 L. 0,41.

ÉCOLE FRANÇAISE
(XVII° siècle)

14. Vues de villes. — Exercices équestres. — Projet
de statue. Douze dessins à la plume.

Par Silvestre, Perelle et Della-Bella.

ÉCOLE FRANÇAISE
(XVIII° siècle)

45. Portrait de Jeune Femme. Elle est assise, la
tête de face, la gorge découverte. A la mine de
plomb. Encadré.

H. 0.16. L. 0.13.

16. Vue de la Seine, du Pont Royal et des Tuileries,
prise de l'hôtel de Salm. A la plume et à la sépia. Encadré.

H. 0,45. L. 0,78.

47. Vue du Collège des Quatre-Nations, du quai et
du Pont Royal. A la plume et à la sépia. Encadré.

Pendant du précédent.

H. 0,45. L. 0,78.

48. Une allée dans un parc. Au premier plan, une
fontaine; dans le fond, un palais à colonnades.
Nombreux promeneurs. Au crayon noir. Cadre
ancien en bois sculpté.

H. 0,06. L. 0,09.

49. Feuille d'éventail. Pastorale avec bergers et
bergères. Encadrement de rinceaux et de fleurs.
A la gouache. Encadré.

> H. 0.12. L. 0.50.

50. Scènes familiales, mythologiques, têtes
d'hommes et de femme. dessins à la plume
à la sépia, au crayon noir et aux crayons de
couleur.

51. La mort d'un religieux. Étendu sur une natte
dans la chapelle d'une église, il est entouré de
moines en prières. A la plume et à la sépia. Encadré.

> H. 0.16. L. 0.09.

ÉCOLE FRANÇAISE
(XIXe siècle)

52. Fête pour la paix générale donnée à Paris le
18 Brumaire an 10 — Illuminations du pont et
de la place de la Concorde. — Temple du Com-
merce et feu d'artifice sur la Seine. — Illuminations des quais et du pont des Tuileries. Trois
aquarelles sur trait gravé. Encadrées.

> H. 0.54. L. 0.78.

(Ce numéro pourra être divisé.)

EISEN (Ch. F.)

53. Le Chaudronnier, scène d'opéra comique. Une
fille aux genoux de son père intercède pour son

amant qui s'est blotti dans une baignoire. A
l'encre de Chine. Encadré.

Jolie composition.

H. 0.22, L. 0.17.

FRANCK

54. Un cavalier et une dame en riche costume, devisant d'amour. A la plume, avec rehauts d'aquarelle. Encadré.

A été gravé par M. Lasne.

H. 0.26, L. 0.12.

GAVARNI

55. Pudeur et Impudeur. Aquarelle signée. Encadrée.

A été lithographié pour illustrer la Correctionnelle.

H. 0.18, L. 0.14.

GÉRICAULT

56. Cuirassiers enlevant une batterie. Aquarelle signée et datée 1822. Encadrée.

H. 0.17, L. 0.23.

57. Laboureurs. — Études d'académies. Trois dessins et croquis à l'aquarelle, à la plume et au crayon.

GIRAUD

58. Pâtre italien. — La Prière à la Madone. — Pêcheur. Trois dessins à l'aquarelle. Signés.

GOUBAUD

59. Scènes historiques et populaires. Cinq dessins à la mine de plomb, signés et datés 1835.

Talleyrand et Metternich. Arrestation. Jardin des Tuileries, etc.

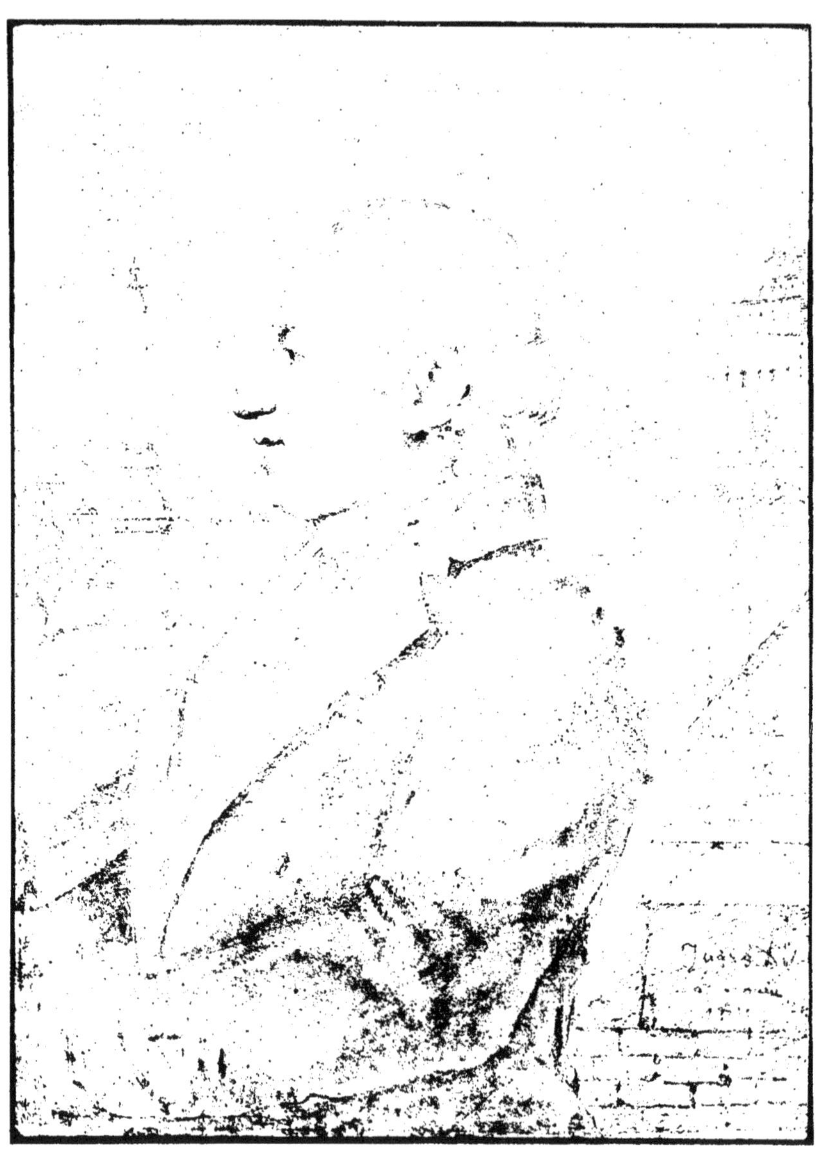

N° 64

GRANDVILLE (J.-I.)

60. Illustrations pour les scènes de la vie des animaux. Quatre dessins à la plume.

GRAVELOT (H.)

61. Jacques Amyot, évêque d'Auxerre, présentant au roi Henri III le grand collier de l'ordre du Saint-Esprit. A la plume et à la sépia. Signé. Encadré.

> A été gravé par L. Cars, pour illustrer le *Catalogue des Chevaliers du Saint-Esprit*.
> H. 0.14 L. 0.13.

GREUZE (J.-B.)?

62. L'Accordée de village. A la sanguine. Encadré.

HUET (...)

63. Scènes diverses du voyage du roi Louis XVI. à Cherbourg. Arrivée du roi en carrosse. Le roi accordant une faveur à une femme accompagnée de ses enfants. Installation dans le port de cônes insubmersibles. Le roi dans une barque assiste à un combat naval, etc. A la plume avec rehauts d'encre de Chine et de sépia. Encadré.

> Ce dessin paraît avoir été utilisé comme modèle de décoration de tenture ou d'étoffe.
> H. 100 L. 0.90.

INGRES (J.-A.-D.)

64. Portrait d'homme vu de profil, la tête tournée à gauche. Dans le fond, des monuments de Rome.

Au crayon noir. Signé et daté : *Ingres del. a Rome,*
1811. Encadré. Ancienne monture à la Glomy.
H. 0.16. L. 0.22.

JOHANNOT ~~Tony~~

65. ~~Vignettes pour illustrer les œuvres de Walter
Scott, F. Cooper, Molière, etc.~~ Dix-sept dessins à
~~l'aquarelle, à la sépia et au crayon noir.~~
~~La plupart de ces dessins ont été gravés.~~

LA BRIÉRE

66. Vue de la pose de la première pierre à la recons-
truction de l'Abbaye de Notre-Dame-aux-Nonnains
~~de la ville de Troyes, faite par~~ Mme Victoire de
France, représentée par Mme la marquise de
Montmorin, le 30 avril 1778. A la plume et à
l'aquarelle. Signé. Dans un cadre ancien.
H. 0.38. L. 0.63.

LAGNEAU ~~(N.)~~

67. Portrait de Ambroise Paré. ~~Au crayon noir sur
papier bleu. Encadré.~~
A été gravé par *Etienne Delaune.*
H. 0.19. L. 0.15.

LALLEMAND ~~(E.)~~

68. Vue de la façade de la nouvelle église Sainte-
Geneviève. ~~De nombreux personnages contem-
plent l'édifice.~~ A l'encre de Chine et à l'aquarelle. Encadré.
H. 0.17. L. 0.14.

LAMI (Eug.)

69. Rendez-vous de chasse. ~~A la gouache et à l'aqua-relle. Encadré.~~

> ~~H. 0.27. L. 0.30.~~

LANCRET ~~Nie.~~

70. Homme debout, coiffé d'un tricorne, ~~il a les mains réunies et appuyées sur un bâton.~~ Dans le haut une étude de mains. A la sanguine. Encadré.

> H. 0.09. L. 0.11.

LE CLERC (Seb.)

71. La galerie de Versailles ~~vue en perspective dans~~ une partie de sa longueur. A la plume et à la sépia. Signé. Encadré.

> A été gravé pour servir de frontispice aux *Conversations* de Mlle de Scudéry.
>
> H. 0.48. L. 0.09.

72. Divers personnages, ~~hommes et dames réunis~~ dans un salon. ~~jouant aux cartes. Au bas, quatre vers. A la plume et à la sépia. Encadré.~~

> A été gravé.
>
> H. 0.10. L. 0.17.

MANSSON (Th.)

73. Scènes diverses de la Révolution de 1848. — ~~Combat du clos Saint-Lazare.~~ — Barricade du faubourg Saint-Antoine. — Barricade du Petit-Pont. Trois dessins aux crayons de couleur. Signés. Encadrés.

> H. 0.16. L. 0.24.

MARILLIER (P.-C.)

74. Frontispice des tragédies de M. Dorat. A la plume
et à la sépia. Signé et daté 1777. Encadré.

A été gravé par *Duflos*.

H. 0.14. L. 0.09.

75. Cul-de-lampe, dont la partie principale est formée
des armoiries de Bretagne. Dans la partie inférieure, un personnage poursuivi par l'Envie. A
la plume et à la sépia. Signé et daté 1775. Encadré.

A été gravé par *Linger* pour illustrer une nouvelle de Baculard
d'Arnaud : *Le Prince de Bretagne*.

H. 0.10. L. 0.08.

MÉRIMÉE (Prosper)

76. Portrait d'un cavalier kalmouk. A la plume.
Signé.

Envoi autographe à M. Gérard.

H. 0.26. L. 0.20.

MEUNIER

77. Vue de la Monnaie et du quai Conti. Dans le
fond, le Louvre et le pont Royal. Aquarelle signée
et datée 1780. Encadrée.

Très agréable aquarelle. A été gravée pour illustrer le *Voyage
en France* de M. le comte de La Borde.

H. 0.15. L. 0.24.

MONNIER (Henry)

78. Conversation. — La Leçon récitée. Deux dessins
à l'aquarelle et au crayon noir.

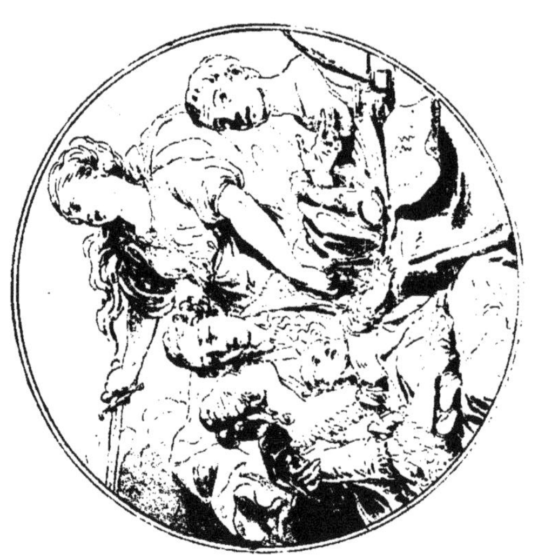

MOREAU LE JEUNE (J. M.)

79. Un homme et une femme qui tient un enfant sur ses genoux, chantant la *Marseillaise* devant un buste de Rouget de Lisle. Au-dessus, l'eux, la déesse de la Liberté. A la plume et à l'encre de Chine. Encadré.

> Très joli dessin destiné à servir de dessus de boîte. De forme ronde.
>
> Diam. 0.08.

80. Portrait de Paul d'Albert, cardinal de Luynes, dans un encadrement orné avec attributs religieux. A la plume et à la sépia. Encadré.

> A été gravé par C.° *Le Vasseur.*
>
> H. 0.14. L. 0.08.

81. Bienfaisance de la reine Marie-Antoinette. A la sépia. Signé et daté 1778. Encadré.

> Gravé par *Duclos* pour illustrer les *Annales de Marie-Thérèse*, par Fromageot.
>
> H. 0.13. L. 0.08.

NASH

82. Cascade de Saint-Cloud. A l'aquarelle. Encadré.

NICOLLE

83. Une rue de Rome. Dans la perspective, le dôme de l'église Saint-Charles aux Catinari. Aquarelle signée. Encadrée.

> H. 0.31. L. 0.20.

84. Une rue de Rome. Dans le fond, la colonne Trajane. Aquarelle signée. Encadrée.
> H. 0.31. L. 0.20.

85. Château neuf de Saint-Germain, habité par S. A. S. Mme la duchesse de Courlande. A l'aquarelle. Encadré.
> H. 0.11. L. 0.16.

NILSON (J.-E.)

86. Deux personnages, homme et femme, sortant d'un appartement par une porte très richement décorée. Plume, encre de Chine et aquarelle. Encadré.
> H. 0.25. L. 0.19.

87. Deux personnages, homme et femme, en conversation devant une glace richement ornementée. Plume et encre de Chine. Signé et daté 1756. Encadré.
> A été gravé.
> H. 0.27. L. 0.19.

PARROCEL (C.)

88. Un militaire cherchant à retenir son cheval. A la sanguine. Encadré.
> H. 0.... L. ....

PICART (Bernard)

89. L'Assemblée des Dieux. A la plume et à l'encre de Chine.
> H. 0.... L. ....

PIERRE (J.-B.)

90. Médée s'enfuit sur un char trainé par des lions, pour échapper à la fureur de Jason. A la plume avec rehauts de blanc sur papier teinté. Signé. Encadré.

H. 0.31. L. 0.44.

QUEVERDO (

91. Frontispice projeté pour la Galerie des Grands Hommes, recueil de portraits gravés en couleurs par Alix. Dans la partie supérieure. Apollon est représenté dans un médaillon circulaire contre lequel s'appuient la Tragédie et la Comédie. Dans le bas, une tablette ornée avec cartouche dans lequel est représenté la Renommée. A la plume et à l'aquarelle. Signé et daté 1797. Encadré.

Jolie aquarelle d'une belle exécution.

H. 0.29. L. 0.17.

RAPHAEL (Sanzio)

92. Fragment du tableau de la Descente des Mores à Ostie. Plusieurs hommes s'enfuient, quelques-uns mourants sont transportés par leurs compagnons. A la plume. Encadré.

Important croquis, probablement exécuté dans l'atelier de Raphaël par un de ses élèves.

De la collection de MARIETTE.

H. 0.45. L. 0.38.

RIGAUD

93. Parc de Versailles. Au premier plan, divers

groupes d'hommes et de femmes. Au crayon
noir et à l'encre de Chine. Encadré.

H. 0.13. L. 0.18.

ROBERT (Hubert)

94. Divers personnages hommes et femmes, au milieu
de ruines antiques : pyramide, colonnade, obé-
lisque renversé, statues, etc. A la plume et à l'a-
quarelle. Signé. Dans un cadre ancien.

H. 0.21. L. 0.16.

95. Projet d'arc de triomphe à l'entrée des Champs-
Élysées. Aquarelle. Encadrée.

H. 0.32. L. 0.45.

96. Portrait de l'artiste dessinant au milieu de
ruines antiques. Derrière lui une femme debout
tenant un carton. Divers personnages sont oc-
cupés à regarder le dessinateur. A l'aquarelle.
Encadré.

H. 0.20 L. 0.34.

ROWLANDSON (Th.)

97. Aventure de John Gilpin. A la plume avec rehauts d'encre de Chine. Encadré.

Vigoureuse esquisse.

H. 0.41 L. 0.62.

SAINT-AUBIN (Augustin de)

98. Portrait de Mme Dugazon, actrice du théâtre Italien. Au crayon et à l'aquarelle. Encadré.

Très gracieux dessin.

H. 0.11. L. 0.09.

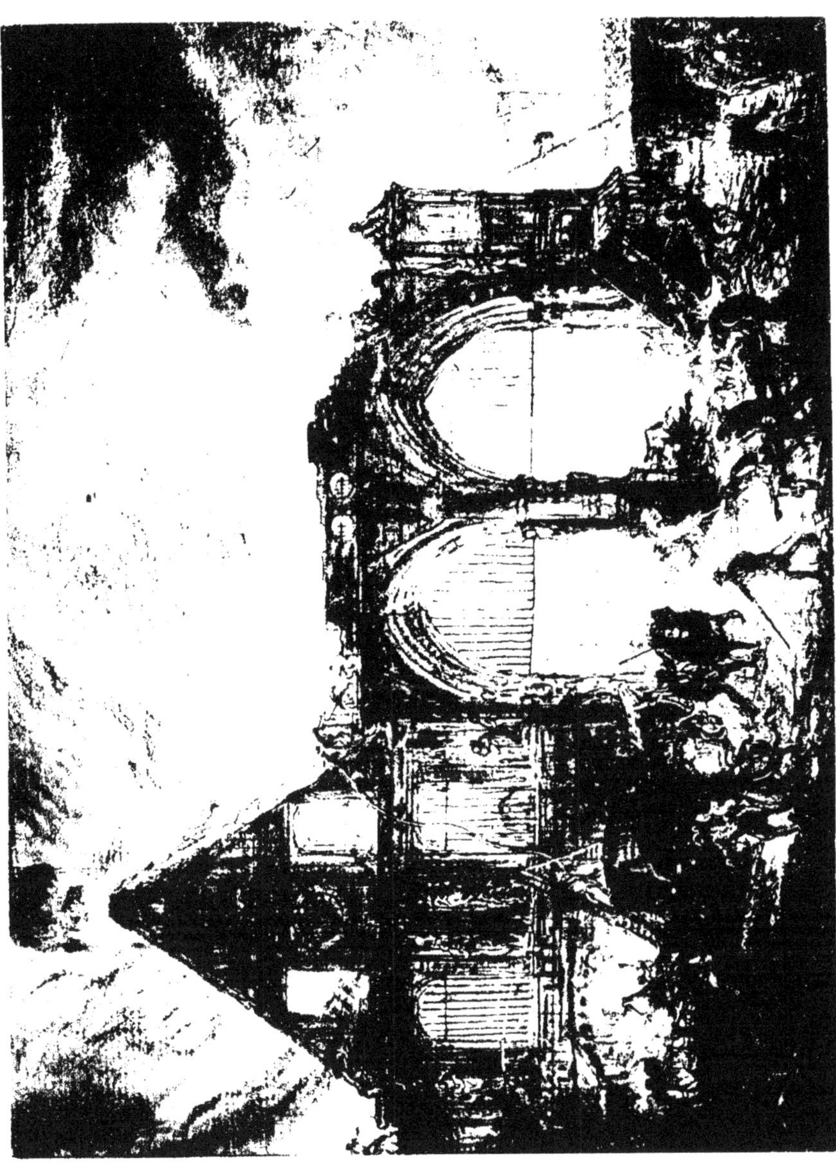

99. Portrait de Mme Vestris, ~~actrice du théâtre Fran-~~
~~çais. Elle est représentée à mi-corps.~~ Au crayon
avec rehauts d'aquarelle. Encadré.
> H. 0.15. L. 0.12.

100. Portrait de La Harpe, ~~dans un cadre ovale. Il~~
est représenté à mi-corps. Au crayon noir, avec
rehauts de blanc. Encadré.
> H. 0.14 L. 0.10.

101. Portrait de Mancini, ~~duc de Nivernois. De profil~~
à gauche, dans un ovale. Aux crayons de couleur, avec rehauts d'aquarelle. Encadré.
> H. 0.12. L. 0.09.

102. Masques antiques accrochés à une stèle, ~~sépa-~~
~~rés par des branches de feuillages. A la plume~~ et
à la sépia. Signé. Encadré.
> Gravé par l'artiste pour illustrer la *Description des pierres*
> *gravées du duc d'Orléans*.
> H. 0.14 L. 0.11.

SAINT-AUBIN (Gabriel de)

103. L'Incendie de l'Hôtel-Dieu ~~dans la nuit du 29~~
~~au 30 décembre 1772. Les pompiers s'empressent~~
de tous côtés pour éteindre l'incendie, tandis que
des hommes se hâtent de sauver des malades
sur des brancards, d'autres malades s'enfuient
sans être vêtus. A la plume, à la gouache et à
l'aquarelle. Signé des initiales. Encadré.

Superbe dessin d'une rare qualité. Il provient de la collection du comte de La Béraudière et a été signalé par MM. de Goncourt dans *l'Art au dix-huitième siècle*, comme représentant l'incendie de la Foire Saint-Germain.

H. 0.24. L. 0.18.

104. **Collège royal de pharmacie, réédifié en 1778.** Vue d'un laboratoire; le professeur fait ses expériences devant un nombreux public. Aquarelle sur pierre d'Italie. Signée et datée 1779. Encadrée.

H. 0.20. L. 0.13.

105. **Vue de la grande Chambre du Parlement de Paris.** Au crayon et à l'aquarelle. Signé et daté 1776. Encadré.

Dans les marges, croquis à la plume et inscriptions.

H. 0.20. L. 0.15.

106. **Scène de théâtre italien.** Dans le fond, la Piazzetta; entre les colonnes, un trône sous un dais. Sur le devant de la composition, les différents acteurs de la Comédie italienne. A la gouache. Signé. Encadré.

H. 0.20. L. 0.14.

107. **Vue prise à Ménilmontant.** On distingue plusieurs personnages assis dans le jardin d'une maison rustique. Au crayon noir avec rehauts d'aquarelle. Daté 1778. Encadré.

H. 0.19. L. 0.13.

SOMM (Henry)

108. Parisienne se rendant au Moulin-Rouge. Aquarelle. Encadrée.

  H. 0.30. L. 0.20.

TAUNAY

109. Chasse à courre. Le cerf a traversé une rivière que franchissent des cavaliers et des amazones. A la plume et à la sépia. Signé et daté 1783. Encadré.

  H. 0.25. L. 0.35.

TOPFFER (R.)

110. Garde nationale de Genéve en 1822. Aquarelle. Signée des initiales. Encadrée.

  H. 0.14. L. 0.10.

VERNET (Carle)

111. Départ d'une pièce d'artillerie attelée de quatre chevaux. A la plume et à l'encre de Chine. Signé. Encadré.

  Très beau dessin.
  H. 0.26. L. 0.36.

112. Le Galop de chasse. A la sépia. Encadré.

  A été gravé par *Levachez*.
  H. 0.22. L. 0.30.

113. La Bergère, cheval tenu en main par son palfrenier. A la sépia. Encadré.

  A été gravé par *Levachez*.
  H. 0.22. L. 0.30.

VERNET (Horace)

114. Costumes de femmes de l'époque Restauration. ~~Deux aquarelles signées des initiales. Enca-~~ drées.

> Ont été gravées.
> H. 0.21. L. 0.14.

VIGÉE (L.-E.)

115. Portrait de Femme, assise et brodant. ~~Au crayon noir et à la sanguine. Signé. Encadré.~~

> H. 0.22. L. 0.16.

116. Portrait de jeune Femme, assise ~~et tricotant. Au crayon noir. Encadré.~~

> ~~H. 0.20. L. 0.14~~

WATTEAU (Ant.)

117. Femme dont le torse est nu, ~~penchée en avant, les mains croisées sur la poitrine. A la sanguine.~~ Encadré.

> De la Collection DESPERET.
> H. 0.17. L. 0.14.

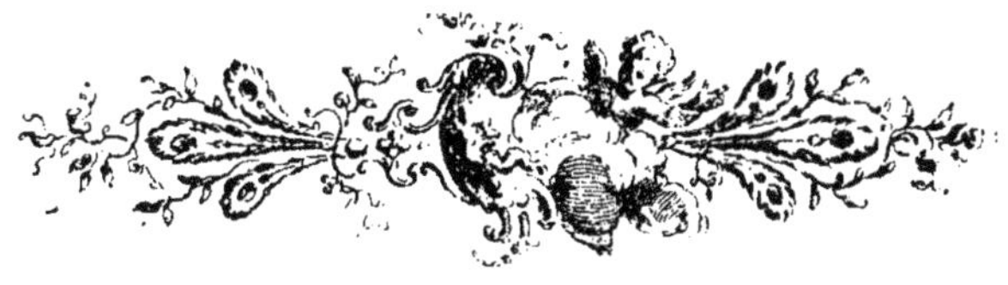

DESSINS

D'ARCHITECTURE, DE DÉCORATION
ET D'AMEUBLEMENT

AUBERT PARENT

118. Livre de serrurerie. ~~Modèles de grilles, bal-~~
cons, rampes d'escaliers, devantures, etc. Quarante-deux dessins à la plume, rehaussés à
l'encre de Chine et à l'aquarelle.

Ont été gravés.

BIRCKENHULTZ

119. Modèles d'agrafes, avec diamants et pierres de
couleurs. Quatre dessins à l'aquarelle.

On y joint : Modèle de drageoir formé d'une coquille supportée
par Neptune. A la plume, avec rehauts d'aquarelle.

BOFFRAND (Germain)

120. Deux faces d'un salon de l'hôtel du prince de
Soubise, ~~l'une du côté de la cheminée, l'autre du~~
côté d'une glace, au-dessous de laquelle est une
console ornée. Deux dessins au crayon noir,
rehaussés à l'aquarelle.

H. 0.15. L. 0.23 et 0.26.

BOUCHER (Fils François)

121. Alcove décorée et drapée avec lit de face, à droite et à gauche, portes dont le panneau supérieur est orné d'une couronne traversée par des flèches. Au-dessus de chaque porte, un médaillon ovale flanqué de deux amours. A la plume et à l'aquarelle. Encadré.

H. 0 27. L. 0.40

122. Modèle de glace rectangulaire, ornée dans le haut de guirlandes et d'un fronton avec écusson surmonté par des amours. A droite et à gauche, lambris ornés. La glace repose sur une console à deux pieds. A la plume, à l'encre de Chine et à l'aquarelle. Encadré.

H. 0.38. L. 0.26

123. Face d'un salon du côté de la cheminée, surmontée d'une glace rectangulaire. A droite et à gauche, deux portes avec dessus ornés d'amours. — Face d'une salle à manger du côté des croisées. Deux dessins à la plume, à l'encre de Chine et à l'aquarelle.

H. 0.26. L. 0.40 et 0.44

124. Armoires, écrans, gaines, brûle-parfums, etc. Sept dessins à la plume et à l'encre de Chine.

CAUVET (G.-P.)

125. Coupe du salon de l'hôtel de Salm, sur les croisées. Entre les deux fenêtres, garnies de ri-

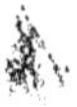

deaux et de banquettes, une torchère formée
d'une femme debout sur un socle orné. Corniche
ajourée avec décors de femmes, d'amours, de
guirlandes et de vases. A la plume et à l'encre
de Chine. Encadré.

Dessin d'une très belle qualité.

H. 0.48. L. 0.45.

126. Coupe du salon de l'hôtel de Salm sur la fontaine. ~~A droite et à gauche de la fontaine~~, deux
portes avec panneaux ornés et frontons sculptés.
Riche corniche avec sujets allégoriques, voussu-
res, brûle-parfums. Derrière la fontaine surmontée d'une pendule-globe, une glace comprise entre
deux colonnes. A la plume et à l'encre de Chine,
avec rehauts d'aquarelle. Encadré.

Très beau dessin, pendant du précédent.

H. 0.48. L. 0.52.

127. Coupe de l'hôtel de Salm dans le sens de la longueur. Les décorations du portique, de l'anti-
chambre, du premier et du grand salon sont soi-
gneusement indiquées. A la plume et à l'encre de
Chine. Encadré.

H. 0.23. L. 0.60.

CHARPENTIER

128. Dessins de chaises, fauteuils, tabourets. Dix
dessins à la plume et à l'aquarelle.

*Charpentier a fourni les dessins des planches de meubles insé-
rées dans le Cabinet des Modes.*

H. 0.21. L. 0.34.

CHAUVET (J.)

129. Recueil de vues de Paris, ~~dessinés par J. Chau-~~ ~~vet de 1876 à 1881. Cent quatre-vingt-trois~~ dessins à l'aquarelle en 2 vol. in-folio reliés en
mar. vert, dos orné, dent. (*Petit*).

> Ces dessins classés par arrondissements et quartiers nous re-
> présentent des monuments et coins pittoresques de Paris, déja,
> pour la plupart, tombés sous la pioche des démolisseurs.

CUVILLIÉS (François de)

130. Décoration d'un salon dans un pavillon de
chasse. Les portes, fenêtres, panneaux, cheminée
avec glace, sont dans des arcades cintrées par le
haut, et portant comme agrafes des têtes de
cerfs, de loups, etc. Le plafond est orné de
groupes d'amours dans la corniche. A la plume,
avec rehauts à l'encre de Chine et à l'aquarelle.

> A. 0.25. L. 0.48.

DELAFOSSE (J.-C.)

131. Composition allégorique avec monuments antiques, ~~temples, obélisques, vases, etc.~~ A la plume
et à l'encre de Chine. Signé. Encadré.

> Frontispice pour l'*Iconologie*.
> H. 0.33. L. 0.40.

132. Projet de façade monumentale pour une ville
fortifiée. La porte, comprise entre des canons
accolés, placés debout, est surmontée d'un dôme
arrondi. Devant ce dôme un fronton, avec sujet

militaire, compris entre des faisceaux de drapeaux et des mortiers. A la plume et à l'encre de
Chine. Signé.

H. 0.26. L. 0.39.

133. Moitié d'un cartouche ornementé avec tête
d'homme, surmonté d'une coquille dans le bas
et mufle de lion sur le côté. A l'encre de Chine
avec rehauts d'aquarelle. Signé. Encadré.

H. 0.34. L. 0.21.

134. Moitié d'un dessus de porte, avec trophée
formé d'un brûle-parfums, de faisceaux et de
branches de chêne. A l'encre de Chine.

H. 0.21. L. 0.42.

135. Moitié d'un dessus de porte avec milieux formés de carquois et de flèches, traversant une couronne de roses. A l'encre de Chine.

H. 0.21. L. 0.42.

136. Archivolte ornée du chiffre de Louis XV, entouré
de guirlandes de feuillages et modèles de panneaux ornés de sceptres croisés et de carquois.
A la plume et à l'encre Chine.

H. 0.19. L. 0.28.

137. Applique à trois lumières. A la plume et à
l'encre de Chine. Encadré.

A été gravé par *Berthault.*

H. 0.25. L. 0.20.

138. Deux gobelets avec pieds ornementés avec coquilles, perles, branches de feuillages. A la plume et à l'encre de Chine. Signé des initiales J. C. D. Encadré.

DIVERS

139. Décorations de salons, chambres à coucher, boudoirs, etc. Douze dessins à l'aquarelle.

140. Modèles de plafonds. Douze dessins à la plume, à la sépia et à l'encre de Chine.

141. Portes monumentales de palais et d'édifices publics. Cinq dessins.

142. Motifs particuliers de décoration, frises, cartouches, consoles, lambris, etc. Dix-sept dessins à l'aquarelle, à la sanguine et à la plume, par Delafosse, Pineau, etc.

143. Détails de fenêtres, plafonds, façades des châteaux de Chambord, de Vaux, de la maison de Diane à Orléans, etc. Onze dessins au crayon, à la sanguine et à l'aquarelle.

144. Décorations théâtrales. — Avant-scène d'un théâtre. Quatre dessins à la plume rehaussés à l'encre de Chine et à la sépia.

145. Modèles de tables et consoles. Quatre dessins à la plume, à l'encre de Chine et à la sépia.

146. Vue perspective d'un château. — Chapelles de
Henri VII à Westminster. — Chapelle Saint-
Georges à Windsor. — Porte de ville. Détails de
fenêtres, etc. Six dessins à la plume, rehaussés
à l'aquarelle et à l'encre de Chine.

> Parmi ces dessins exécutés au xvi° siècle et au xvii° siècle,
> un est signé *V. de Vriese* et daté 1578.

147. Vues de Rome et des environs. Quatre-vingt-
cinq dessins des dix-septième et dix-huitième
siècles, par P. Bril, Natoire, Echard, Pérignon,
Nicole, etc., à la plume et à l'aquarelle. En un
vol. in-fol. oblong cartonné.

> Beau recueil contenant un certain nombre de dessins im-
> portants.

148. Vues de Rome et des environs à la fin du dix-
huitième siècle. Quarante-huit dessins à l'aquarelle. En un vol. in-fol. oblong, demi-rel. mar.
vert.

> Belle collection.

DUFOUR (Alex.)

149. Esquisses, croquis et dessins, faits pendant le
voyage de l'artiste en Italie, de 1785 à 1790. En
vingt sept cent quarante dessins à la plume, au
crayon et à l'aquarelle, en trois volumes in-fol.
cart.

> Dufour, architecte du château de Versailles sous Napoléon Ier,
> fut le compagnon de voyage en Italie de l'architecte Fontaine.
> Ce recueil de dessins ne contient pas seulement les nombreuses
> aquarelles et les croquis faits dans les diverses villes d'Italie, il

renferme aussi des vues de Londres, à l'aquarelle, divers projets de décoration pour les palais parisiens, le dessin de la loge de l'empereur Napoléon Ier dans la salle de spectacle des Tuileries, divers projets de monuments, etc.

DUGOURC (Jean-Denis

École Française (1760-18..)

150. Porte-fenêtre cintrée avec draperie. On aperçoit une partie de la boiserie à droite et à gauche et de la corniche. A la plume et à l'aquarelle. Signé.

H. 0.41 L. 0.21.

ÉCOLE ALLEMANDE

(XVIIIe siècle)

151. Plafond avec bordures où sont figurées allégoriquement les quatre parties du monde. Au centre, Apollon sur son char. A la plume et à la sépia.

H. 0.30. L. 0.37.

ÉCOLE FRANÇAISE

(XVIIe siècle)

152. Projet de tombeau placé sous une arcade supportée par quatre colonnes de marbre accouplées deux à deux. Sur le tombeau, devant un prie-dieu, le défunt, revêtu d'une robe de magistrat, est agenouillé. A la plume avec rehauts d'encre de Chine et de lavis.

H. 0.35 L. 0.54.

153. Projets de plafond. Six dessins à la plume.

Ces dessins paraissent être l'œuvre de *Jean Cotelle*.

ÉCOLE FRANÇAISE

(XVIIIe siècle)

154. Trois faces d'un salon Louis XVI, orné de
glaces de forme cintrée comprises entre des
colonnes plates assemblées. Petites et grandes
portes à double vantail surmontées de panneaux
ornés avec médaillons, trophées. etc. Devant les
glaces sont suspendues des torchères, à plusieurs
branches. Une des faces est garnie de deux
canapés. Trois dessins à la plume et à l'aquarelle.

H. 0.26. L. 0.43 et 0.31.

155. Projets pour la décoration d'un grand salon
Louis XVI, orné de glaces rectangulaires avec
frontons, de panneaux en bois sculpté, d'une
cheminée avec glace, de portes à deux vantaux,
surmontés de motifs en reliefs, amours et brûle-
parfums. Quatre dessins à la plume et à l'aquarelle.

H. 0.27. L. 0.40.

156. Divers projets pour salon Louis XVI, avec cheminée, ou glace avec fronton comprise entre deux
portes à deux vantaux. Chaque porte est surmontée
d'un haut-relief, avec trophées ou scènes mythologiques. Trois dessins à la plume et à l'aquarelle.

H. 0.28. L. 0.43.

157. Face d'un salon lambrissé, orné de boiseries,

avec cheminée de marbre surmontée d'une glace.
A la plume avec rehauts d'encre de Chine.

H. 0.26. L. 0.48.

158. Une des faces du foyer du théâtre Montansier
(Palais-Royal), avec portes, glaces, corniches,
balcons et frontons. A la plume et à l'aquarelle.

H. 0.16. L. 0.88.

159. Décoration de salons et boudoirs. Cinq dessins à
la plume et à l'aquarelle.

160. Projet de porte avec fronton orné et vantaux
avec panneaux sculptés. A la plume et à l'aquarelle.

H. 0.4'. L. 0.21.

161. Moitié d'une cheminée, de style Louis XVI,
avec tablette circulaire supportant un vase accoté
de deux amours. Les jambages formés d'une
figure de femme, dont la partie inférieure se ter-
mine en volute, sont surmontés d'un vase orné.
A la plume et au crayon noir, avec rehauts de
lavis.

H. 0.42. L. 0.21.

162. Plafond de salle de spectacle, avec muses,
amours, etc. A la plume et à l'encre de Chine.
Encadré.

H. 0.24. L. 0.32.

163. Modèles de plafonds, avec milieux peints.
Quatre dessins à la plume et à l'aquarelle.

Beaux dessins dans la manière de *Cauvet*.

161. Modèles de plafonds. Six dessins au crayon, à
la plume et à l'encre de Chine.

> Jolis dessins. Deux projets pour plafonds de l'hôtel Soubise et
> de l'hôtel Richelieu.

165. Frise dans le goût chinois, avec diablotins.
animaux fantastiques, etc. A la plume et à
l'aquarelle.

> H. 0.23. L. 0.89.

166. Grand surtout de table, avec compotier, huiles,
salières, flambeaux, etc. Au centre, un dais surmonté d'un amour. Sur le devant du surtout.
dans la partie inférieure, un écusson surmonté
de la couronne royale. A la plume, avec rehauts
d'encre de Chine et d'aquarelle. Encadré.

> H. 0.38. L. 0.54.

167. Modèle de soupière, avec anses formées de
têtes de béliers. Au centre, un écusson avec
couronne. Le couvercle est surmonté d'une
pomme de pin. A la plume et à la sépia. Encadré.

> De la Collection du baron J. Pichon.
> H. 0.33. L. 0.48.

168. Modèles de gaines, glaces, flambeaux, dessus
de boîtes, bordures de cadres, etc.

> Dix dessins attribués à *Pineau*, *Babel*, *Delafosse*, etc.

169. Grande croix de maître-autel, richement ornée.
avec médaillons contenant diverses scènes de la
vie du Christ. Parmi les ornements du pied de la

croix, des anges ailés, les quatre Évangélistes,
les vertus théologales, etc. A la plume et à la
sépia. Encadré.

H. 0.92. L. 0.43.

170. Projet pour le maître-autel de l'église Notre-
Dame, à Paris. Aquarelle et encre de Chine.

H. 0.65. L. 0.39.

171. Ornements d'église. Croix, bénitier et chande-
lier. Trois dessins par Delafosse et Petitot.

ÉCOLE HOLLANDAISE

(XVIIIe siècle)

172. Vestibule d'un château avec poêle orné, escalier
et lambris en boiserie. Vue perspective sur des
jardins. Divers personnages animent la composition. A la plume et à l'encre de Chine. Encadré.

H. 0.33. L. 0.50.

ÉCOLE ITALIENNE

173. Façades, galeries, détails d'architecture, etc.
Onze dessins à la plume et à la sépia.

EISEN (Ch.)

174. Sept modèles de cartouches d'armoiries avec
leurs supports, formés d'amours, sur la même
feuille. Un de ces cartouches porte les trois fleurs
de lys de France. A la plume et à l'encre de
Chine. Signé et daté 1770. Encadré.

A été gravé dans l'Œuvre d'Eisen.
H. 0.23. L. 0.18.

FAY

175. Une des faces du grand cabinet du roi à Fontainebleau, avec glace cintrée ornée de draperies, comprise entre deux portes avec panneaux et dessus peints. A la plume et à l'aquarelle. Encadré.

> Très beau dessin.
> H. 0.46. L. 0.58.

176. Une des faces du cabinet du roi à Fontainebleau, ornée d'une glace comprise entre deux panneaux peints avec arabesques. A la plume et à l'aquarelle. Encadré.

> Beau dessin, pendant du précédent.
> H. 0.46 L. 0.47.

GUILLAUMOT

177. Reconstitution du château de Marly. Détails d'architecture. Vues de la forêt environnante. Quatorze dessins au crayon noir, à la plume et à l'aquarelle.

> Gravés dans une publication relative au château de Marly.

LEBRUN (Ch.)

178. Fontaine de Scylla. Au crayon et à la plume avec rehauts d'encre de Chine. Signé. Encadré.

> A été gravé dans la suite des *Fontaines* de Lebrun.
> H. 0.27. L. 0.33.

MAROT (Daniel)

179. Pavillon de forme octogonale dans un jardin.

On y accède par un perron de huit marches avec
rampes en fer forgé. Au-dessus de la porte d'entrée, un écusson surmonté d'une couronne. A
droite et à gauche de cette porte, statués de
Cérès et de Pomone. A la plume et à l'aquarelle.
Signé. Encadré.

H. 0.51. L. 0.36.

180. Pavillon de forme rectangulaire dans un jardin.
La façade est ornée d'une porte entre deux colonnes, de deux fenêtres et d'un perron de six
marches. Au-dessus de la porte, un écusson avec
armoiries soutenu par deux griffons. A la plume
et à l'aquarelle. Signé.

H. 0.48. L. 0.35.

181. Pavillon de forme ovale dans un jardin, avec
porte et deux fenêtres. Au-dessus de la porte
armoiries soutenues par deux sphinx. A la plume
et à l'aquarelle. Signé.

H. 0.51. L. 0.35.

NICOLE (V.-T.)

182. Vues de Rome et de l'Italie. Quarante-deux
dessins à l'aquarelle, à la plume et au crayon
noir. En un volume in-fol. oblong cartonné.

NILSON (J.-E.)

183. Pendule et son socle de forme rectangulaire,
avec riches ornements dans le style rocaille. Le
cadran est entouré d'amours. Plume et encre de
Chine. Encadré.

H. 0.25. L. 0.18.

OPPENORT (Gilles-Marie

181. Projet de décoration de la salle des Gardes de l'Electeur de Cologne, comprenant une partie d'une porte, d'une fenêtre et de leurs dessus. A la plume.

> Gravé dans l'œuvre.
>
> H. 0.37. L. 0.23.

185. Cheminée monumentale surmontée d'un portrait en pied de souverain dans un cadre orné compris entre pilastres avec appliques en relief. A la plume et à la sépia.

> H. 0.38. L. 0.27.

186. Voussure de plafond orné de sphinx, de tritons, de joueurs de mandoline, d'ours dansant. A la plume. Signé. Encadré.

> Nombreuses annotations manuscrites.
>
> H. 0.28. L. 0.45.

187. Corniche d'un plafond, formée d'une balustrade sur laquelle des draperies sont posées. Des amours supportant des vases, des carquois, etc. A la plume.

> H. 0.12. L. 0.82.

PERELLE Nic.

188. Château de Chaulnes en Picardie. A la plume.

> A été gravé dans le recueil de *Perelle*.
>
> H. 0.20. L. 0.31.

PRIEUR (Louis)

189. Une des faces d'un salon du côté de la cheminée,
surmontée d'une glace avec fronton formé d'une
lyre. A droite et à gauche, deux portes avec dessus
ornés au milieu desquels est réservé un cartouche
circulaire. A la plume et à l'aquarelle. Encadré.

H. 0.28. L. 0.42.

190. Une autre face du même salon prise du côté
des fenêtres, garnies de rideaux avec lambrequins,
et séparées par une console à quatre pieds. Au
dessus de la console, une glace avec fronton et
appliqué. A la plume et à l'aquarelle. Encadre.

H. 0.28. L. 0.41.

PRUNIÉ (B.)

191. Grille qui entoure la statue équestre de Louis XV
à Bordeaux. Signé et daté 1751. A la plume et
l'encre de Chine.

H. 0.21 L. 0.58.

On y joint un dessin de grille avec porte monumentale surmontée
d'un écusson orné.

RANSON

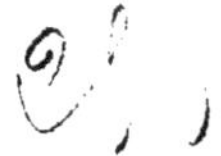

192. Face d'un salon ~~richement~~ orné du côté de la
cheminée ~~surmontée d'une glace rectangulaire avec~~
fronton. A droite et à gauche panneaux et portes
ornées avec dessus. Ameublement de six fauteuils.
A la plume avec rehauts d'aquarelle et d'encre de
Chine. Encadré.

H. 0.50. L. 0.25.

193. Une des faces d'un boudoir ~~avec canapé devant~~
une glace, dans un renfoncement avec partie
supérieure cintrée ornée de guirlandes de fleurs,
portées par des amours, auxquelles est attaché
un portrait de femme. A droite et à gauche, deux
armoires vitrées servant de bibliothèque. A la plume
et à l'aquarelle. Encadré.

> H. 0.26. L. 0.23.

194. Modèles de tapisseries pour garniture d'un lit,
fond, dessus et côtés, trois dessins à l'aquarelle.

ROUSSEAU Pierre

195. Coupe longitudinale de l'hôtel du prince de
Salm devenu le palais de la Légion d'honneur.
La décoration du grand salon circulaire en face
sur la Seine est indiquée. A la plume et à l'aquarelle.

> H. 0.10. L. 0.30.

SAINT-AUBIN (Gabriel de)

196. Projet de lit d'alcove avec baldaquin supporté
par deux cariatides. Le fond du lit est orné d'une
tapisserie avec amours : le devant, d'une balustrade près de laquelle est posé un brûle-parfums.
A droite de l'alcove, une glace garnie de draperies. Au crayon noir rehaussé d'encre de Chine.

> H. 0.37. L. 0.27.

TARAVAL (Gustave)

197. Projet pour la construction du Théâtre de
l'Odéon. ~~Sur la place devant l'édifice, des prome-~~

neurs, des voitures, des marchands ambulants.
Dans le fond, le Luxembourg. A la plume et à
l'aquarelle. Encadré.

H. 0.30. L. 0.50.

198. Une des faces d'un salon ornée de trois grandes
fenêtres vitrées et garnies de rideaux avec lambrequins. Entre les fenêtres, deux grandes
torchères, supportées par des femmes posées sur
des fûts de colonne. A la plume et à l'aquarelle.
Signé. Encadré.

H. 0 39. L. 0.60.

199. Grande galerie formant bibliothèque. Au milieu,
dans une niche entre deux colonnes, est placé,
sur un fond de draperie, un buste avec un pié-
destal. A droite et à gauche, deux portes à deux
vantaux surmontés de motifs allégoriques en
relief. A la plume et à l'aquarelle.

H. 0.21. L. 0.62.

200. Vue d'une grande salle avec colonnade d'ordre
ionique. Les entre-colonnements sont garnis de
bustes posés sur des piédestaux de forme rectangulaire. Une tribune avec double escalier occupe
le milieu de la salle. Le plafond, en partie vitré,
est orné dans la corniche de compartiments
carrés avec rosaces, et dans les écoinçons de
médaillons, avec têtes de personnages, soutenus
par des femmes en relief. A la plume, à l'encre
de Chine et à l'aquarelle.

H. 0.37. L. 0.66.

201. Façade et coupe d'un pavillon circulaire avec
  dôme et colonnade intérieure et extérieure. Au
  centre, statue de roi. Au pourtour et au-dessus
  de la balustrade extérieure, nombreuses statues
  de femmes. Deux dessins à la plume et à l'encre
  de Cnhie.
  H. 0.23. L. 0.36.

202. Façade et coupe de pavillon circulaire avec
  colonnade intérieure et extérieure. Dessus de
  portes, corniches, entre-colonnes décorés avec
  statues et reliefs. Deux dessins. A la plume, à
  l'encre de Chine et à l'aquarelle. Signés.
  H. 0.25. L. 0.40.

203. Entrée de chapelle en forme de demi-cercle surmontée d'une coupole supportée par quatre
  colonnes cannelées d'ordre ionique. Sur le devant,
  porte à deux vantaux avec boiseries sculptées.
  A la plume et à l'encre de Chine. Signé.
  H. 0.33. L. 0.25.

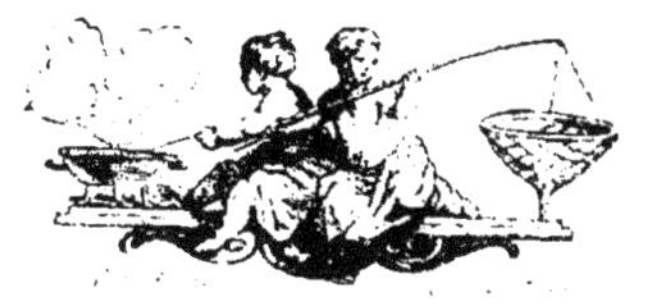

9 782329 507286